PARALAJE

PARALAJE

TERESA JURADO LANZUELA

NPQ
Editores

© Del texto: Teresa Jurado Lanzuela
© De esta edición: NPQ Editores 2017
www.npqeditores.com

Primera edición: Junio 2017
Registrado en la Propiedad Intelectual V-528-2017

Impreso en España

PEFC

Los papeles que usamos son ecológicos, libres de cloro y proceden de bosques gestionados de manera eficiente

ISBN: 978-84-947038-2-9
Depósito legal: V-1309-2017

In memoriam
de mis padres
y de mis tíos Tonín y Pepe

*«Todo lo que se puede decir
puede ser dicho claramente.
Y de lo que no se puede hablar
hay que callar.»*

L. WITTGENSTEIN,
Prólogo del *Tractatus*

I

Palabra,

liberación y cautiverio del Poeta.

Su improfanable riqueza,

su único aparejo.

II

La Poesía

en su surgimiento

araña,

como el animal que con sus pezuñas

remueve la tierra para salir de su madriguera.

El Poeta

no es el animal,

ni es la tierra.

Es el surco desgarrado

por donde irrumpe hasta manifestarse

                          la Poesía.

III

No es por falta de palabras

por lo que la voz enmudecida calla,

metamorfoseada en la insonoridad de un desierto

inerte e impasible,

imperturbable en su sorda vaciedad,

en su inhabilitante nada,

sin fin ni acabamiento.

No puede la palabra traspasar

su invisible barrera silenciaria

y se esconde,

                inaudible.

IV

Sacar la claridad de las tinieblas,

retorcer la palabra,

exprimir la idea,

atrapar la volatilidad del sentimiento.

Tatuarse con las destilaciones de la vida.

Y quedarse

        en el silencio.

A la espera,

de unos oídos,

de unos ojos …

        Es el destino de la Poesía.

        Y la resignación de los poetas

        que no pueden

        a sí mismos

            evitarse.

V

La imagen se ha comido a la palabra.

De ahí a decir que:

una imagen vale más que mil palabras,

¿no parece un hartazgo excesivo?

«El hombre[1] es sagrado para el hombre.
No porque sea Dios, sino porque es hombre
y esto es suficiente.»

SÉNECA

---

1   La palabra *hombre* que a lo largo de este bloque de escritos aparecerá en repetidas ocasiones, debe interpretarse bajo su acepción de especie, no de género.

VI

Homo sapiens:

Surgente erecto.

Rebelde y sometido.

Orgulloso y humillado.

Arrogante y abatido.

Mutante y permanente.

Último eslabón en la cadena evolutiva.

Híbrido

resultante

de la arriesgada cópula

de Dios con la materia.

Víctima y mártir de su indefinición.

VII

Tengo el honor
y el orgullo
de ser,
        irrenunciablemente.

Y la responsabilidad
de agotarme hasta el límite.

El vigor suficiente para la afirmación,
la fuerza necesaria para la rebeldía.

Porque soy
la unidad de todos los opuestos,
la contradicción y la síntesis.

Porque soy yo,

        y contigo

        soy todas las mujeres
        y soy todos los hombres.

Y este es mi testimonio.

VIII

Impotente insurrecto de sí mismo,
el Hombre
sólo por lo imposible
se hace héroe.

Libre e ilimitado
se concibe y desea,

y se descubre

frenado
y detenido
en el obstáculo.

En el impedimento
proyecta su grandeza.

Y se afirma,
contradictoriamente,
tributario y señor

de su antinatural naturaleza.

IX

La gente:

      Las élites.

      Las masas.

      Y los pueblos.

      Los hombres.

      Las mujeres.

      Los jóvenes.

      Los viejos.

      Los amos

      y los siervos.

La humanidad descuartizada
bajo arquetipos,
marcas
y etiquetas.

      Ego sum.

X

Los conceptos,

        las doctrinas,

                los sistemas...

son pacientes y esperan
su gloria o su deshonor.

            Los teóricos los gestan.
            Los científicos los alumbran.
            Los técnicos los utilizan.
            Los políticos los manipulan.

Pero nadie ha pensado
que la rata-hombre pueda perderse
por los pasillos de las nuevas estructuras
y los *modus operandi* de última generación.

Sólo han observado
           que el hombre-rata
           los transita fácilmente.

XI

De cuanto soy y cuanto me hizo ser

enarbolo el honor y arrastro el peso,

fiel al destino

que a cada uno carga

con la preñez intransferible de sí mismo.

«*El hombre no es más que una caña, la más débil de la naturaleza, pero una caña pensante…*
Pero aun cuando el universo lo aplastara el hombre sería todavía más noble que lo que lo mata, porque sabe que muere, y lo que el universo tiene de ventaja sobre él; el universo lo ignora.»

PASCAL,
Grandeza y miseria del hombre

XII

Posiblemente
no hay ni ha habido nunca
motivo razonable para ello:

ese jactancioso sentido
de ser único e irrepetible
y, de algún modo,
inviolable.

No obstante,
nada especial,
ni necesario,
y ni siquiera conveniente
en algún caso.

                    Tu pedestal
se hunde poco a poco por sus flancos
y te mezcla y confunde con su polvo.

Se agiganta la hoguera, útil para la cremación de todo lo obsoleto.

        Ha llegado el momento de la sustitución.

        Te arrancarán la piel.
        Removerán tus vísceras.
        Escudriñarán tu cerebro
        y estudiarán detenidamente la sinapsis de sus neuronas.

Te encerrarán,
bajo otra piel de plástico
y en otro cuerpo de titanio
indeformable y perfecto.

Y te pondrán en funcionamiento
mediante cables interconectados,
                    disciplinado,
                    útil,
                    operativo
                    y obediente.

Sin embargo,
            para algo no habrá extrapolación posible.

No podrán reactivar los latidos de tu corazón
ni las pulsiones de tu alma.

                TE HABRÁN MATADO.

                    . . .

Observarás tu cuerpo de titanio encerrado en plástico,
desde un lugar desconocido y etéreo

donde se albergará
                tu ser y tu conciencia.

            Y TÚ,

        por la ingravidez del espacio

                volarás ....

                    libre.

XIII

SINFONÍA UNIVERSAL
PARA UN PUNTO DE NO RETORNO.

Tu monocorde y machacona música
ensordece al mundo
y hace bailar a las comparsas sobre la magna platea del universo,

en preludio

del más esperpéntico réquiem
que se haya instrumentado jamás
por muerte alguna.

Sobre tu disonante apoteosis final,
coreada
por el aullido de los cuervos,
el estertor de las hienas
y el pesado aletear de los buitres,
que atrapados para siempre han de quedar
en la fosilizada calavera de tus orquestadores,

SE ALZARÁ

EL INDOMABLE GRITO GENÉRICO

DEL ÚLTIMO HOMBRE,

que agonizante y rebelde
lo escupirá
sobre sus necrosados sucios pies de barro.

Macabro e interminable
su eco . . . .
resonará a perpetuidad por el espacio.

Testimonio para la eternidad

de ALGO

QUE FUE.

«*Esa escurridiza realidad llamada tiempo.*»

ARISTÓTELES

XIV

El tiempo,
que no espera,
          nos obliga a esperar.

No podemos forzarlo
pero hemos de soportar su forzamiento.

          Toda vivencia tiene su momento,
          todo acontecimiento su cita puntual.

El tiempo, que nos lleva y nos empuja,

          marca el principio,
          y también el final.

XV

Se cumplirá,

y será.

Porque es lo necesario.

Porque ha de ser así,

porque ya es.

Porque ha venido a serlo,

paso a paso,

y la hora del tiempo ya ha sonado.

Inevitable trance que se impone

lo mismo al temerario

que al cobarde.

Impenitente exigencia.

Provocación que acelera.

Revelación de potencia:

acto.

XVI

Pasear
    por el tiempo.

Vivir
    ya pasadas
    —futuras realidades.

Desentrañar
    lo cierto posterior,
    incierto ahora.

Jugar
    al juego malabar anticipación-regresión
        nos está prohibido.

    Transhumantes
    espacio-temporales,
    r.í.t.m.i.c.a.m.e.n.t.e. atados
    en cada punto secuencial
    a un inmóvil lugar,
    a un único momento,

    nos está prohibido aliviar,
    de algún modo,
    la informe pesadumbre
    de estar viviendo a veces
sobre   la   eterna   explanada   de   la   historia
    el tiempo irrelevante
    del vacío.

XVII

Vengo a quemar
aquí,
en este fuego tuyo
el tronco mío.

Vengo a mezclar
con su chisporroteo mis latidos,
y vengo
a fundir mi alma entre sus llamas.

        Vengo a juntar contigo las cenizas
        de las horas de vida que te ofrezco.

        Vengo a unir para siempre
        estos dos leños:
                Peso y medida
                de lo tuyo y lo mío,
                amigo,
                que ahora nos demos.

XVIII

Atrapar el instante,
contenerlo.

Suspenderlo . . . . . en . . . . . el . . . . . tiempo.
Retener la alegría explosiva de vivirlo.

Saborear como si fuera eterno
lo que es perecedero.
Contravenir su esencia.
Obviar su imposibilidad.

Caer intencionadamente
en la trampa de nuestro propio juego.
Y orillar
la incómoda certeza de saberlo.

                              ¡Esos momentos
                              que nos regala la vida!

XIX

Espiral
que en círculos concéntricos
dibuja contumaz inmediateces,
desplaza historias
o sustituye urgencias.

          Balanceo de ensueños
          sobre lo temporal y lo concreto.

Sucesión
hurtadora de pedazos de vida.

Flujo
desparramante de existencias.

Devenir
progresivo y horadante.

          Cada día un ayer
          y un posible mañana.

      Acontecer envolvente de aislados epicentros.

```
        e       p       n       e       n           e
  S         r       e       t       a       t
```

dibujas

      secuencial e irreversible sobre el tiempo
      la inquietud indetenible
      de una nueva esperanza
            en cada reto.

XX

Peldaños retorcidos

de opacas escaleras de caracol.

Enroscados peldaños

mareantes,

sobre una recta axial,

inmanifiesta,

hacia

una cima que tampoco se nos muestra:

Futuro

en

ver-

ti-

cal.

XXI

Movimiento y velocidad,

paradigmas de esa pretenciosa obsesión

por alcanzar el don de la ubicuidad,

       quebrantando la distancia, rompiendo el tiempo.

A semejanza de obedientes muñecos mecánicos,

vamos de aquí para allá,

sin un punto de inflexión,

sin un momento de sosiego.

           Aturdidos, mareados, inestables.

Como el niño que ofuscado

corre tras una errática pelota

        que no deja quieta el viento.

XXII

A este ir y venir,

arrebatado y azaroso,

de la juventud temprana

el tiempo le sujeta sus apremios.

Se quebranta la prisa

con las primeras canas

que un espejo amarillento difumina.

XXIII

En sus imparables giros rotatorios

la evolución y el progreso

tienen sus luces y sus sombras.

En el proceso se cambian

caducidades por vigencias.

Y la dialéctica de la historia transforma

en no ser el haber sido,

              por no dejar de ser

              lo que se fue.

*«Después de todo, la muerte es sólo un síntoma
de que hubo vida.»*

Mario BENEDETTI

XXIV

Nacimiento y muerte.

Fondo y forma.

Espíritu y materia.

Límites marginales del balanceo de la vida

en el ritmo pendular de nuestras existencias.

XXV

Qué rebelión

la de la vida frente a la muerte,

a cuya cópula carnal

acudimos,

carentes de deseo

e impotentes.

XXVI

Valencia, 1985

A resarcirme de la muerte
que tan hondas raíces me ha segado
vengo
al viejo caserón
                    para arrancarle aún vida
                    a su vida muerta.

. . .

Mi abandonada y solitaria casa,
arrogante y enhiesta,
fiel y perenne.
Recipiente
que guardas jirones de vida impermutables,
permanencias eternas.
Inmaculado cofre de añoranzas.

Reducto desgarrado
de un tiempo concluido.

                    Mi único hogar
                    de calor incandescente.

Yo reverencio en ti
toda la decadencia que acumulas
y mantienes, desde tu postración letal en rebeldía.
con orgullo y poder vivificantes.
Tu presente en penumbra afirma y certifica
tu ser
por lo que fuiste.

Nadie podrá negarte
la absoluta certeza de haber sido
                    palacio
                    de mi cuento de hadas infantil,
                    fortaleza
                    de un íntimo pasado, indesgajable,
                    del presente continuo inacabado de mi historia,
                    tabernáculo
                    de cuanto se me dio por transmitido.

Con sigilo y respeto vigilo
tu letargo mortal y tus heridas lacerantes.
Y defiendo el honor de tus ajados techos,
la altiva dignidad de tus desvencijadas,
interminables puertas,
tras las que ya no hay
nadie.

Tus vacíos,
tus huellas
y tus sombras,
las marcas de la ausencia inasumible,
sensación recurrente de vivencias ocultas
y presencias
perdidas
para siempre.

Tu mermada prestancia me perturba.
Y miro venerante tus quebradas paredes,
que sólo a mí me hablan
con la rotunda afirmación,
inconmovible,
de un silencio que yo escucho solemne
aunque por tus rendijas, vieja casa,
se filtre irreverente
la disonancia del murmullo neutro
de una calle y un barrio
que agonizan;

                    mientras, una vez más,
                    el entrañable campanario de El Carmen
                    dobla a muerto.

«La vida no es un problema que tiene que ser resuelto, sino una realidad que tiene que ser experimentada.»

KIERKEGAARD

XXVII

Me iré alejando
desde lo no vivido
al infinito.

En lo invisible
cierto algo,
ya insalvable,
quedará.
como una negación,
innecesaria e inservible.

Será la nada,
impotente y amorfa,
definitiva e irreversible.

Será el vacío,
hueca realidad
despojada de todo.
Ni una huella,
ni un eco,
ni un recuerdo…

Vacío sin ausencia,
indiferente.

Será
todo lo que fue:
                    el no haber sido.

                              Eso,
                                    simplemente.

XXVIII

La Historia es ya muy larga.
Y habla.
Y se repite con frecuencia.

A los que hemos llegado tarde para todo
déjesenos al menos la existencia.

La vida,
       que se alza y que se impone.
       Y que insiste.

       Y se palpa y se siente.

       Se disfruta
       y se padece.

           Respétesenos pues este derecho.

Lo hecho o lo deshecho
hecho y deshecho está,
irremediable.
También testimonial.

           Los triunfos, los fracasos,
           victorias y derrotas.
                Y los muertos.

No hay resurrección
ni nada es inmortal.

           Mas somos innegables,
               AHORA Y AQUÍ.

XXIX

Dicen los positivistas:

«Existo y por lo tanto, pienso».

Volvamos a Descartes:

«Pienso, luego existo».

Así evitaremos aglomeraciones.

XXX

Seguridad, seguridad...

¿Quién puede asegurarse su fluir,

su propio fluctuar?

Vivir
        y nada más.

«*El poder está en todas partes;
no es que lo englobe todo, sino que viene
de todas partes... no es una institución,
y no es una estructura, no es cierta potencia
de la que algunos estarían dotados: es el
nombre que se presta a una situación
estratégica compleja en una sociedad dada*».

Michel FOUCAULT

XXXI

PODER
diabólica entelequia
concebida en el carcomido vientre de una humanidad,
demasiado vieja
para ser fecundada por el amor.

Incuestionado dios,
negra deidad de paranoicos aquelarres.

Columnario y tentacular sustentador
del gran fracaso universal.

Engendro,
salvaguardado en herméticos gabinetes
y cebado en sofisticados laboratorios;

inspirador de contubernios
y aglutinante de consorcios,

catalizador de verdades
y avalador de mentiras;

ídolo y pedestal
de enanos trepadores.

Artífice y centinela
de palacios,
de guetos
y de mazmorras.

Privilegio de unos pocos
y padecimiento
de todos.

O M N I P R E S E N T E

XXXII

En los archivos del mundo, clasificados en legajos polvorientos,
se guardan y custodian los llamados documentos históricos. Y
plasmado para siempre entre sus enmohecidas manchas, el eti-
quetado conceptual con el que ha pasado a la Historia el poli-
morfismo que ha adoptado el Poder a lo largo del tiempo

para dictar,
momento por momento,
el devenir de la Humanidad:

   Tiranía, Monarquía, Imperialismo, Caudillaje.
   Absolutismo, Despotismo, Totalitarismo

desfilan por los sinuosos caminos de la Historia,
como espectrales viandantes cargados con el peso
de sus indeseables secuelas:

   Guerras, rebeliones, alzamientos, expolios, saqueos,
   devastación y muerte.
   Intrigas y venganzas. Ejecuciones y torturas.
   Desolación.
   Usurpación, ruina, miseria.
   Vasallaje, servidumbre, esclavitud.
   Oscurantismo, ignorancia, censura, adoctrinamiento.
   Dogmatismo, irracionalidad, fanatismo.
   Dominio.

Ambición.
Prepotencia.
Iniquidad.

Pueblos, territorios,
ideas y sentimientos
engullidos por la opresión implícita en su esencia.

Imperturbable y obcecado, el Poder, ligeramente maquillado por la
cosmética de renovados idearios, sigue fiel a sus más consustanciales
características, erigido sobre la peana de las nuevas apariencias que, hoy
en día, adoptan los modernizados sistemas y las múltiples formas que
dan cobijo a su detentación y ejercicio:

> Liberalismo, Socialismo, Comunismo, Capitalismo.
> Perfectibles Democracias, falsas Democracias,
> Dictadura, Oligarquía, neo-Imperialismo

transitan por los sofisticados itinerarios de la modernidad,
emboscados y acechantes,
bajo la turbiedad de sus nefastos efectos:

> Demagogia, manipulación, direccionismo, control.
> Monopolios, oligopolios, forzamiento.
> Secretismo, desinformación, engaño.
> Incultura, narcotización, adormecimiento.
> Superficialidad, ocio programado.
> Corrupción, connivencia, inmunidad.
> Extorsión, *cleptocracia*, desposesión institucionalizada.
> Exclusión, pobreza, explotación.
> Desequilibrio. Depauperación.
> Sometimiento.

La misma ambición,
la misma prepotencia,
la misma iniquidad

van dejando sus referencias y sus huellas
en las modernas hemerotecas,
en las bibliotecas informatizadas,
en las publicaciones digitales,
en las redes sociales de comunicación
y en la memoria de los ordenadores.

Y, como siempre,
en el alma,
y en la piel,
y en las entrañas
de las gentes.

XXXIII

El PIB, el IPC, el IVA, el IBI, el IRPF,
el DNI, el NIF, el CIF, el NIE, el SIP,
la UEFA, la FIFA, las S.A., la OPEP, la OIT,
la ONU, la OTAN, la UE, el FMI,
la KGB, el FBI, la CIA,
el G4, el G8, el G20 . . . , . . . , . . . , . . . , . . . , . . . , . . . , . . . ,

        mutilación de las palabras
           reducidas a sus siglas,
           mínimas,
           desorientadoras y enajenantes.

Alivio para la pesadumbre de su significación
y maquillaje eufemístico de su magnitud.

Paradójico exponente
de la extralimitada extensión del sistematizado orden mundial
que dirige nuestras vidas;

de la asfixiante espesura de la tupida red
que nos aprieta y comprime.

Reflejo
del enmascarado control
que nos rodea y vigila;

de la velada opresión
que nos cohibe y somete.

De la asfixia sin resquicio que nos ahoga.

De la insultante ocultación con la que se nos trata.

           Y hay que disimular.

XXXIV

Explicaciones

para todo las hay.

Y justificaciones.

Y alegatos.

Y defensas.

Un si es, no es.

Sí, pero…, sin embargo…

Cuestión de pactos:

                    La insípida tibieza de la convención.

XXXV

Los «grandes» del mundo,
las élites en general,
no están hechos para ser vistos de cerca.

En las distancias cortas
                                    pierden mucho.

Lejos del oropel
y las cohortes que los rodean
se reducen y achican
como globos desinflados.

Como las uvas pasas,
como las hojas secas,
como las flores marchitas

                        y como los hambrientos.

«No hay modernización (y por tanto forma de vida moderna) sin una masiva y constante producción de basura, entre ella los individuos basura definidos como excedentes.»

Zygmunt BAUMAN

XXXVI

Cosas...

Cosas de usar y tirar.
Productos desechables, efímeros, inconsistentes,
con fechas de caducidad programadas.

Iconos de la fraudulenta opulencia
de la sobredimensionada sociedad de consumo que nos engulle
y del *marketing* que la acorrala y sostiene.

Cosas...

Chupan esfuerzos.
Desatan ambiciones.
Confunden lo fundamental con lo accesorio.

Hurtan espacios.
Comprimen el aire.
Cercan los horizontes.

Se venden.
Se compran.
Se desechan.

COSAS, COSAS, COSAS...

     Crecen y se multiplican
     para acabar
     infestando la tierra con sus despojos.

     O para amontonarse,
     inútiles y caducas,
     entre los atrezos y en las guardarropías

        del gran teatro del mundo.

XXXVII

Desde que caducó
el comercio legal de los esclavos
y las guerras
se implementan   —es decir, se hacen estallar—
mediante sistemas telemáticos
y aplicaciones robóticas,

el ser humano
ha devenido en algo irrelevante,

prescindible,
reemplazable,
transformable,
cosificable,
permutable,
desechable...

Muchas veces, incluso...   molesto.

No se sabe qué hacer
con los excedentes de la humanidad.

Pese a ser un producto perecedero,

algunos

¡cuánto resisten!

«Quienes creen que el dinero lo hace todo,
terminan haciendo todo por dinero.»

VOLTAIRE

XXXVIII

Es inmanente,
omnímodo, egocéntrico
y externo a toda jerarquía.

Tiene por vocación la desmesura.
Y es tan nefasto en su carencia
como en su exceso.

Arrasador de valores y de principios,
pues no reconoce otro valor
que no sea el suyo propio.

Es fungible,
perturbador, amoral
y cicatero.

Podio y basamento de la usura,
tiene en la avaricia a su aliada,
de concubina a la iniquidad
y como víctima a la miseria.

Su principal razón de ser estriba
en reproducirse y multiplicarse por clonación de sí mismo.
Y como los virus y las bacterias
todo lo infesta, todo lo corrompe.

Progenitor de deslealtades y vilezas,
su engañoso disfraz es la omnipotencia
y la felicidad su fraudulenta máscara.

Es arrogante, despiadado,
maquiavélico
y pendenciero.

Se cree Dios,
porque como a tal se le venera
y se le rinde pleitesía.

Es EL DINERO.

Y en verdad,
no hay nada ni nadie
que lo ponga en su sitio.

XXXIX

Yo sí tengo.

Tengo el esfuerzo acumulado,
el sacrificio y el trabajo,
y el cansancio y la hartura,
y la paciencia ejercida hasta el agotamiento,
y el sueño interrumpido
y la espalda encorvada,
y las renuncias.

Tengo lo que nadie compraría.

Tengo todo aquello que vale
su peso en vida,
porque con vida se paga.

Y tengo ALGO,
que tal vez algunos comprarían con su oro túrbido
para aliviar su hediondez.

Pero no está en venta.

*«Rara vez os acercáis a un pobre
para saber de su misma boca la causa
de su miseria … ni para observar qué
clase de miseria le aqueja, pero hay algunas
tan extraordinarias, que no se alivian con
la fácil limosna del ochavo…»*

Benito PÉREZ GALDÓS

XXXIX

Tatuada sobre su piel la miseria,
acartonado el rostro,
un rictus de callado desamparo.
Y la carga
de no poder consigo mismo.

El paso, errátil y cansino,
sin meta ni horizonte,
sin otra guía que no sea
el itinerario interno de su propia degradación.

                    Deambula el mendigo.

Oculto
el infame camino de su derrumbamiento,
la pendiente invisible de su declive,
el tenebroso mapa de su ruta vital.
Un cómo
y un por qué,
que nadie se pregunta,
que nadie ve.

Una sonrisa,
un cigarrillo,
unas monedas que no siempre aceptabas.

Unos minutos de charla para el recuerdo
de vivencias que en su día compartimos.

Tras un indefinido "hasta la vista",
yo volvía a toda prisa a mis asuntos
y tú, pausado, hacia la nada.

El siniestro tentáculo que te estaba atrapando
se encargó de lo demás.
Aumentó el desnivel de la pendiente,
y tomó carrerilla el deterioro.

Huidiza la mirada,
ya no querías ver, ni querías ser visto,
en el devastador exilio por el que transitabas,
cada vez más absorto, cada vez más ensimismado;

cargado con todo lo que poseías,
con lo único que te quedaba,
y con
tu abatimiento.

Vergonzante,
travestido bajo las hilachas de una ropa
cada vez más harapienta,
y sobre unos zapatos cada vez más podridos,
tú, tan pulcro.

Cada vez más hundido en tu inhabilitación,
cada vez más escondido en tu caverna,
cada vez más preso de tu metamorfosis.

                    Ya no me conocías.
                    O no querías.

Tus ojos,
cada vez más vidriosos,
más hinchados,
más mortecinos.

Cada vez
más próximos a una muerte,
que sin duda te dio ya su último zarpazo;
porque hace mucho tiempo que no te veo.

Sólo la sombra de tu ausencia
se pasea por las calles que cobijaron tu destierro.

                    •   •   •

¡Qué imponente bofetada!
¡Qué despiadado insulto!

¿Qué abrupto puntapié te desplazó de esta manera?

¿Con qué mordisco disimulado entre sus dientes
te persiguió la vida?

    —o tú creíste que lo hacía—

para arrojarte al foso inmisericorde de los excluidos,
para confundirte en sus tinieblas.

Para rendirle homenaje al escarnio,
en tu persona.

    Para aniquilarte.

    • • •

Hasta la yema de los dedos con que sujeto mi pluma,
me llegan las punzadas
con las que me ha pedido paso este poema,
tan baldío, tan inútil, tan impotente.

Y tan imperativo.

   Porque es

   el vómito imparable de la angustia
   que me pone tu recuerdo, amigo mío,
   aquí,
     en la garganta.

«*La utopía es el principio de todo progreso
y el diseño de un futuro mejor.*»

ANATOLE FRANCE

XL

Rozarla con la punta de los dedos,

eso es, como mucho,

todo lo que nos permite la utopía.

Perseguirla

es quedarse atrapado en el intento.

Dejemos la tarea para los visionarios y los locos.

Y que el mundo se mantenga.

Y que la vida siga.

Amurallada la dimensión del mundo.

Encajonada la trayectoria de la vida.

XLI

Perdimos los zapatos huyendo
de una marea gris
con largos ojos negros en las manos,
y una lluvia de piedras sobre nuestras cabezas.

Sin saber cuál iba a ser el fin de la aventura
derrumbamos los muros para abrir
nuevos caminos,
ahora convertidos en cloacas.

Se esfumó la utopía.

Y estalló la inmundicia.

Con el escozor en las gargantas
y la sequedad en las bocas, por tanto grito
como de ellas fue expulsado para romper el amordazamiento,
saldrá otra vez la rabia de paseo.

Para estampar sobre vuestros hocicos
                              el derecho
a remover vuestras poltronas infestadas,
a echaros de los asientos de los coches prestados,
a vomitar sobre tanto detritus el hartazgo.

Y para formular la gran pregunta a todos:

Si no sabéis.

Si no queréis.

Si no podéis …

¿Qué hacéis ahí?

«Filosofar es esto: examinar y afinar los criterios.»

EPICTETO

XLII

Córtensele las alas al pensamiento.
Entúrbiese la luz de la razón.
Obtúrese el manantial de las ideas.

Despójese de contenido a la forma.
Aplánese el sentido de la palabra.
Atrófiese el discernimiento.

Sosláyese el rigor.
Opáquese la coherencia.
Ahóguese todo discurso crítico.

Poténciese el pensamiento único.

                    Acótese la libertad.

MARGÍNESE A LA FILOSOFIA.

«El último descubrimiento de la razón es el de reconocer que hay una infinidad de cosas que la superan.»

PASCAL

XLIII

Carne,

que revienta en quejidos,

estalla en gozos

o se apergamina en continencias.

Atávicas exigencias,

inenmarcables

dentro de la encorsetada coherencia de la lógica.

Fisuras del sentido común.

Arterias desbordadas

en volcamiento

ante el *táxico* reclamo de la vida.

XLIV

Laberinto de gestos,

encrucijada,

mudo reto

donde no cabe la palabra.

La pasión

ni pregunta ni responde.

Aturde
      y calla.

XLV

Me paso programando,

con ordenada intención,

mis tiempos,

mis citas, mis encuentros…

Y siempre, al fin y al cabo,

me hallo de improviso

ante la impronta revulsiva de la coincidencia

marcándome caminos apremiantes,

                        sobre un mar de dudas.

Naturalmente:

   El azar es imprevisible, caprichoso, inasible, incontrolable;

   como el mar.

XLVI

Indescifrable incierto
es el futuro.

      Cuanto está por venir
      nadie lo amarra.

El azar y el destino,
entrelazados
nos llevan hacia él,
día por día,
momento por momento.

Y a él nos enfrentamos
hoy desde ayer
y hoy para mañana.
                  Con el interrogante

                                 m?
                                 a?
                                 r?
                                 t?
                                 i?
                                 l?
                                 l?
                                 e?
                                 o?   de la duda

ante el velado sentido
de cada nueva incipiencia
horadamos el túnel que hemos de pasar
                              vibrantes,
                    voluntariosos,
                         resistentes,
bajo la densa gravidez
y el inquietante golpear
que produce el deseo
cuando,
          a pelo,
galopa, contundente,

                    abriendo el viento

                    hacia lo que ha de ser.

XLVII

La realidad

      para bien o para mal,
      nada asegura, nada garantiza, nada apuntala.

En su naturaleza lleva
su puntual desaparecer,
su engullimiento en el remolino de su tránsito.

Su aniquilación, por el empujón excluyente del momento
que desplaza a cada momento en el que habita.

Y la conduce
a su transmutación en contrapunto onírico.

Y la instala
en la preternaturalidad de una 4ª dimensión,
que la inscribe en su anárquico pentagrama,

para removerse y removernos, a su ritmo y a su antojo;
para contravenir la contundencia de esa realidad encastrada
en sus cerradas dimensiones.

      Para desvirtuar su axiomática afirmación de ser,
                    en exclusiva.

      Porque todo lo real

         es efímero.

    Y sólo los sueños permanecen.

«Hay amores tan bellos
que justifican todas las locuras
que nos hacen cometer.»

PLUTARCO

XLVIII

El grito del amor

es explosivo y corto.

Y su susurro, eterno.

XLIX

Quien no sepa
de su encantamiento,
de su placer,
de su subyugación,
de su embriaguez,
de su vivificante tormento,
de su levitación...

laméntese
por no haber entrado nunca en el Paraíso.

Los que han estado en él
conocen bien cuál es su referente.

Y no lo olvidan, jamás.

L

El principio ya ha sido.

Y se ha impuesto esta historia
que aún está por hacer,
a todas las historias.

Un ahora,
excluyente
de cuanto antes fue,
marca nuevos caminos.

Todo lo deja atrás
intranscendente.

    Pues todo va hacia ti,
            desde ahora mismo.

LI

Arrobamiento, turbación, inquietud, ansiedad, deseo...,
Tensión, desequilibrio, miedo, convulsión.

Catarsis... Transmutación.

> Calma, abandono.
> Desmayo... casi muerte.
> Ingravidez.
> Éxtasis.

La pulsión de la vida condensada en tu contorno.

. . .

No sé por qué razón
ella me trajo
puntual
hasta esta cita,

retadora, apremiante, irrebatible;

renuente
a la pregunta eterna
que jamás,
jamás,
tendrá sentido plantearle.

LII

Tu ser antojadizo
no da para otra cosa que no sea
un momento fugaz,
un breve ínterin,
un ahora huidizo,
un encuentro fortuito
en la tierra de nadie en que tú habitas.

Mito
erigido en base
a la taimada trampa que acarreas.
Trasmisor de una vida que enarbolas
y llevas por escudo,
para ocultar tu muerte,
tu congénita.

Aunque tú,
como dios inmortal, sobrevivas
a todos los destrozos que ocasionas,
es frágil
tu inmadura consistencia.

La menor tempestad
te quebranta,
te daña y descompone.

Y en las tranquilas aguas,
tediosa y aburrida,
desfallece tu deidad,
                              desvariado Eros:

     Tiránica opresión
     de la irrealidad sobre la carne.

LIII

Por el espacio
inmenso y majestuoso
de la libertad
nos cruzamos.

El azar aliado trazó las coordenadas,
sincronizó velocidades,
frenó vientos,
atemperó tempestades,
eliminó obstáculos.

Potenció la confluencia.
Forjó la necesidad.

Nos suspendió,
y nos atrapó,
en un punto único,
inmóvil,
infinitesimal,
para así propiciarlo.

Y nos lo hizo dominio
particular y exclusivo
de nuestras encontradas voluntades.

LIV

Amor, amor . . .

Amor . . . y olvido.

Pasa el dolor

y se queda la pena.

«Allá, allá lejos, donde habite el olvido.»

Luís CERNUDA

LV

La mente oculta
para que el corazón maltrecho olvide,

encerrando el recuerdo en el vacío
del libro en blanco de la desmemoria;

sin trazo,
sin señal que recrudezca

la añoranza que duele,
la emponzoñada cicatriz que araña,
la herida mal cerrada que supura.

LVI

El abandono plácido,
el sosiego,
parálisis y ausencia.

Un coto tras las vallas
que marcan, prohibitivas,
el límite de la huída,
en el destierro
vedado para el encuentro.

Fuera,
el reducto de la voz desoída,
el guirigay del griterío vacuo.

Alcanzará su cenit el nirvana
sobre el montículo
de tanta ceniza de descreimiento acumulado;
en el deseo calmo
de no querer querer,
entramado
entre lo innecesario y lo imposible.

«Je est un autre (Yo es un otro).»

RIMBAUD

LVII

Se nos percibe y se nos interpreta
        —y aun se nos juzga—
según los puntos de mira
en donde se encuentran los otros,

a riesgo de ser,
por un error de paralaje,
objeto de una observación distorsionada,
víctimas de una falsa apreciación.

        El yo que somos para nosotros mismos
        tiene un complejo encaje
        con el otro que somos para los demás.

        Puede entenderse.

        Pero no puede permitirse si conlleva:

                la estigmatización,
                el odio,
                la anulación
                o el ultraje.

«¿Independencia y libertad
son inseparables de aislamiento y miedo?»

Erich FROMM,
El miedo a la libertad

LVIII

Guarecidos
para alivio de inconfesas cobardías
en el asentamiento reticular de los entornos,
el miedo
carga sobre nuestras espaldas
el callado deshonor
de la aceptación indulgente del sometimiento.

Nos prepara y dispone
para la permisividad vergonzante
de la degradación *contra natura*,
para la dejación disolvente del yo,
para la atrofia consentida
del ser;
                        para la abdicación.

Desposeídos de nosotros mismos.
                        Desertores
                        de nuestra propia libertad.

«*La imaginación es parte de la verdad, se acomoda a nuestra mente y al cabo del tiempo no sabemos distinguirla.*»

Gloria Elena ESPINOZA DE TERCERO

LIX

De la vigilia al sueño
traslada el pensamiento las quimeras,
castillos en el aire sostenidos.

Levitante,
retoma la nostalgia el recorrido
de caminos ya hollados en el tiempo.

Entre el recuerdo y el delirio
se desdibujan los contornos;
se mezclan los destellos con las sombras.

              ¿Cuánto de imaginado
           hay en todo lo que fue cierto?
           ¿Cuánto de cierto en lo imaginado?

Ha encontrado su lugar en la penumbra
la conexión de lo real con lo ilusorio.
Y le ciega la respuesta a la pregunta:

¿Puede la plenitud vaciarse en la nada?,
¿o aquello no pasó?

              La verdad ya no importa,
              porque si no lo fue,
              mereció haberlo sido.

LX

Y del sentimiento y la idea

enroscados a la palabra

surge la poesía.

www.ingramcontent.com/pod-product-compliance
Lightning Source LLC
Chambersburg PA
CBHW020942090426
42736CB00010B/1233